Manfried G. Kuliga
Mama, ich brauch mehr Geld

Manfried G. Kuliga
Mama, ich brauch mehr Geld
Taschengeld und Budgettraining für Ihre Kinder

Die Deutsche Bibliothek – CIP-Einheitsaufnahme
Ein Titeldatensatz für diese Publikation ist bei
Der Deutschen Bibliothek erhältlich.

© 2001 by Brendow Verlag, D-47443 Moers
Einband- und Innengestaltung: init, Büro für Gestaltung, Bielefeld
Titelfoto: Tony Stone, München
Satz: AbSatz, Klein Nordende
ISBN 3-87067-890-9

Inhalt

1. Finanzplanung für Kinder? _____ 7
2. Spannungsfeld: Vom kindlichen zum erwachsenen Handeln _____ 13
3. Erstes Girokonto – Unabhängigkeit _____ 15
4. Finanzmanagement statt Taschengeld _____ 21
5. Aus eigener Erfahrung lernen _____ 25
6. Beratende Begleitung _____ 39
7. Perspektiven: Was zählt morgen? _____ 60

1 Finanzplanung für Kinder?

EINE Untersuchung in privaten Haushalten hat gezeigt: Die Mehrzahl unserer alten und jungen Mitbürger führt heute lieber ein flottes Leben, als konsequent die eigene finanzielle Zukunft zu planen und diese mit geeigneten Maßnahmen sicherzustellen. Junge Leute, gerade eben erst aus dem Elternhaus, beanspruchen für sich eine komfortable finanzielle Ausstattung, die mindestens dem gewohnten Standard der Eltern entsprechen soll.
Geldbeschaffung leichtgemacht – so stellen Kreditinstitute ihre Angebote von der Kreditkarte bis zur Hausfinanzierung in allen Medien vor. Ohne Kreditkarte wird es schwierig, Bestellungen im Internet aufzugeben, ohne Kreditkarte bekommt man von den großen Autovermietern einen Mittelklassewagen gar nicht erst ausgehändigt. Die Zahl von mehr als 2,7 Millionen überschuldeten Privathaushalten (im Jahr 2000) – davon sind also rund 6 Millionen Menschen betroffen – spricht eine deutliche Sprache.

> KINDER UND JUGENDLICHE VERFÜGEN HEUTE ÜBER
> EINE ERHEBLICHE KAUFKRAFT.

Die Geldmengen, die von Kindern entweder direkt durch eigenes Kaufen oder indirekt über die Eltern (welche die vielfältigen Wünsche und »Bedürfnisse« der Kinder erfüllen) in die Kassen wandern, sind so groß, dass sie in den Absatzplanungen von Wirtschaftsunternehmen ausdrücklich berücksichtigt werden. Kinder sind eine Zielgruppe für aufwendige Werbemaßnahmen, sie verfügen über eine große Kaufkraft, die es »abzuschöpfen« gilt.
Begleiten wir einmal Anja und Markus, zwei »normale« Kinder, wie sie unsere eigenen sein könnten. Beide haben schon ab dem Vorschulalter etwas Taschengeld bekommen und besitzen heute ein Sparguthaben mit gut 500 Euro. Zur Einschulung hatte das örtliche Geldinstitut für Markus ein »Führerscheinkonto« empfohlen. Mit dem kaum in Frage zu stellenden Ziel »Mobilität ab 18« konnte die Bank überzeugen. Schließlich ist der Führerschein ein

Symbol für Erwachsensein. Doch der kostet Geld, also ist längerfristiges Ansparen sinnvoll. Ein Guthabenzins von fünf Prozent ist auch nicht schlecht. Leider hat Markus bis heute nicht erfahren, wie viel Geld er im Monat oder pro Jahr sparen muss, wenn er zum 18. Lebensjahr sein Ziel, einen Betrag von 1.250 Euro, erreicht haben will.

Anja und Markus werden jetzt bald 12 Jahre alt. Markus parkte sein Geld, das er von Verwandten geschenkt bekam, teilweise auf dem »Führerscheinkonto«. Für Anja wurde ein Investmentkonto angelegt.

Nun überlegen die Eltern, wie ihre Kinder mehr über den verantwortlichen Umgang mit Geld lernen können. Beide haben mit dem Alter von 12 Jahren gute Voraussetzungen für selbstständiges Handeln erreicht. Den Eltern ist klar: Mit Taschengeld allein wird finanzielle Verantwortung kaum einzuüben sein. Taschengeld ist eigentlich nichts anderes als »sonstiges Geld« für dies und das, für das man niemandem Rechenschaft ablegen muss. Also kommen neue Überlegungen ins Spiel.

Anja wurde etwa ab ihrem 8. Lebensjahr in finanziellen Entscheidungen, die ihren persönlichen Bedarf betreffen, einbezogen. Auch Markus sollte – schon früh in gewissen Grenzen – das letzte Wort haben, wenn es um seine Anschaffungen ging. Klar, manche Wünsche konnten nicht erfüllt werden, da sie unrealistisch teuer waren. Markus interessiert sich auch weniger für »Klamotten«. Für ihn war und ist es wichtig, immer »flüssig« zu sein.
Beide Eltern waren sich einig und haben ab dem 10. Lebensjahr für die Kinder in kleinen Schritten einen erweiterten Verantwortungsbereich für den Umgang mit Geld eingerichtet.

DEN RICHTIGEN UMGANG MIT GELD LERNEN

Wo lernen wir, mit Geld *richtig* umzugehen? In der Schule? Eher nein. Die Schule vermittelt, wie sich Zins und Zinseszins berechnen lassen. Aber Wegweisung, wie mit Geld praktisch umzugehen ist, findet man in kaum einem Lehrplan. Den richtigen Umgang mit selbstverdientem Geld lernen junge Leute durch langjährige Erfahrungen, die oft schmerzhaft und teuer sind. Allein das Kennen von einigen Grundsätzen, also von »Spielregeln«, reicht nicht aus, denn der Umgang mit Geld und Vermögen will richtig eingeübt werden. Und das kostet Zeit und Mühe und den Abschied von lieb gewordenen *selbstverständlichen Überzeugungen*.

> DIE BESTEN CHANCEN, DEN UMGANG
> MIT GELD EINZUÜBEN, BIETET DIE FAMILIE.

Erste Erfahrungen mit eigenem Geld machen Kinder oft mit Taschengeld. Klar, es sind auch viele Wünsche zu erfüllen: Das Handy und der Computer samt Zubehör, die Markenkleidung, Sportgeräte, das sind wichtige Statussymbole im Freundeskreis. So kann man offensichtlich Anerkennung gewinnen. Dazu kommen CDs, DVDs, Aufwendungen für Hobbys und »die Schönheit«. Die Liste von Dingen, »die man unbedingt braucht«, findet kein Ende.
Weil das so ist, entstehen Versuchungen – für die Großen. Eltern und Verwandte könnten mit Geld und teuren Geschenken Liebe und Zuwendung er-

setzen. Und doch können sich leicht Gewohnheiten einschleichen, die nicht mehr zum richtigen Ziel führen, nämlich zum Einüben von eigenverantwortlichem Handeln. Irgendwie muss dann doch auf materielle Weise die Stimmung verbessert werden – beispielsweise zu Weihnachten oder bei Geburtstagen.

Manche Erwachsene machen es sich – wenn auch oft unbewusst – einfach. An die Stelle von Zeit, Aufmerksamkeit, echter Zuwendung und Anerkennung treten Geld und wertvolle Geschenke. Geschieht das aus einem schlechten Gewissen heraus, weil Vater, Mutter oder beide Elternteile so sehr beschäftigt sind, kann es kritisch werden. Denn dann bleiben Kinder allein – einsam mit ihren vielen Sachen.

Starke, selbstbewusste Kinder sind – besonders später als Jugendliche und Erwachsene – unabhängiger von materiellen Versuchungen, von Dingen, die das Gefühl, ohne Bedingungen geliebt zu werden, ersetzen sollen. Deshalb ist eine Hauptaufgabe für Eltern, ihrem Kind zu zeigen: »Du bist mir wichtig!«

2 Spannungsfeld: Vom kindlichen zum erwachsenen Handeln

Um das »richtige Haushalten« in vielen kleinen Schritten einzuüben, sollten Sie auf den persönlichen Entwicklungsstand und das Interesse Ihres Kindes eingehen.

Es gibt keine feste Regel für den optimalen Startzeitpunkt. Jedes Kind reagiert individuell. Mein Vorschlag: Ernsthafte Überlegungen zu gemeinsamen Finanzplanungen und eigener Verantwortung sollten bereits im Alter von 8 bis 12 Jahren beginnen. Probieren Sie einfach aus, ab wann es für Fragen rund um den Umgang mit eigenem Geld aufgeschlossen ist. Wenn es Ihnen Interesse signalisiert, können Sie locker beginnen und bereits einige Entscheidungen Ihrem Kind überlassen. Spätestens, wenn Ihr Nachwuchs 13 Jahre alt ist, sollte Geld und einige Leitlinien für den Umgang damit zu den regelmäßigen Gesprächsthemen in der Familie gehören.

Wie wäre es, wenn Sie ganz bewusst den 12. Geburtstag zum Start in das gemeinsame Finanzprogramm wählen? Der Übergang zwischen Kindheit und Erwachsenenalter findet etwa ab diesem Alter statt. Anforderungen, die die Aufnahme eines Kindes in die Welt der erwachsenen Männer und Frauen mit sich bringen, können begeistern – aber auch Ängste auslösen. In diesen »stürmischen Zeiten« können Eltern Orientierung bieten.

3 Erstes Girokonto – Unabhängigkeit

ANJA eröffnet ihr erstes Girokonto, als sie 12 Jahre alt ist. Sie bekommt dasselbe Konto wie Erwachsene. Als Kinderkonto bietet es aber Vorteile, von denen Erwachsene nur träumen. So fallen zum Beispiel keinerlei Gebühren für Kontoführung oder andere Leistungen an. Jeder Euro, jeder Cent wird wie auf einem Sparbuch verzinst. Anja hat eine Karte für den Ausdruck ihrer Kontoauszüge und für die Geldautomaten der Bank, auch in anderen Städten. Auszahlungen ab 10 Euro sind möglich. Sogar *online-banking* ist möglich.

Anja kann an der Kasse Geld bar einzahlen oder abholen. Auch Überweisungen, Daueraufträge und alle anderen Arten der Geldbewegung sind möglich. Das Geld zum eigenen Wirtschaften wird per Dauerauftrag auf ihr Konto überwiesen. Aber: Im Gegensatz zu einem Konto von Erwachsenen sind Überziehungen des Kontos strikt ausgeschlossen.

Ein Kind darf keine Schulden machen (auch nicht bei Eltern)!

Anjas Vater ist ein gründlicher Mann. Deshalb hat er als Erstes eine »Checkliste« zur Kontoeröffnung zusammengestellt. Ihm war es wichtig, die Leistungen verschiedener Kreditinstitute zu vergleichen. Wer bietet denn nun wirklich die meisten Vorteile für seine Tochter? Er wählte das leistungsfähigste Angebot, denn die Unterschiede sind nicht gering.

Die Eltern von Markus sind mit ihrem Sohn einfach als »Tester« in die zwei Banken des Ortes gegangen. Mit Markus wurde vorher abgestimmt, dass er ein Konto eröffnen will und somit die wichtigste handelnde Person ist. Die Eltern haben ihren Sohn ermutigt, das Gespräch möglichst selbst in die Hand zu nehmen und aktiv in die Auseinandersetzung zu gehen. Die Frage, auf die es ankommt, war dann natürlich: Wie haben die Mitarbeiter das Angebot für Kinder vorgestellt und wie freundlich haben sie Markus beraten? Leider ist bei der Bank Nummer zwei der smarte junge Mitarbeiter total durchgefallen, weil er immer nur mit den Eltern reden wollte und nicht mit Markus.

Auch Anja hat sich vor dem Bankbesuch mit ihren Eltern vorbereitet. Weil für sie alles neu ist, wurden Fragen gesammelt und aufgeschrieben, die von der freundlichen Mitarbeiterin der Bank beantwortet werden sollten. Ein paar Fragen kamen von Anjas Eltern, einige sind ihr selbst eingefallen:

- Was ist ein Konto?
- Was ist eine Kontonummer?
- Wozu brauche ich die Karte (mit der Kontonummer)?
- Was ist eine Bankleitzahl?
- Wofür brauche ich eine Geheimzahl?
- Was kann ich tun, damit ich die Geheimzahl nicht vergesse? Wo bewahre ich sie am besten auf?
- Was sind Zinsen? Wie viel Zinsen bekomme ich? Warum bekomme ich nicht mehr?
- Warum brauche ich Kontoauszüge? Wo soll ich sie hintun? Wie lange soll ich sie aufheben?
- Wie zahle ich Geld ein? Wie viel (wie wenig) Geld kann ich einzahlen?

- Wie hole ich Geld ab? Wie viel muss ich mindestens abholen?

Nach einem kurzen Gespräch über das gemeinsame Vorhaben ging Anja dann gut vorbereitet mit ihrem Vater zur Bank. Anja stellte selbst ihre Fragen. Ihr Vater war beeindruckt, wie aktiv und selbstbewusst seine Tochter mit Frau Schmidt von der Bank »verhandelte«. Er ermutigte und unterstützte ein bisschen, aber übernahm die Aufgabe nicht selbst. Denn schließlich sollte Anja die Antworten verstehen.

Beide waren sich hinterher einig: Die gemeinsame Aktion ist voll gelungen und hat Spaß gemacht. Wir haben die richtige Bank gewählt. Anja wurde freundlich und geduldig beraten, schließlich ist das im Serviceangebot einer Bank ausdrücklich vorgesehen. Außerdem sind die »kleinen Geschäftemacher« den Banken als zukünftige Kunden so wichtig, dass sie sich fast immer Mühe geben.

Der künftige Kontoinhaber
ist die wichtigste handelnde Person.

Ist deutlich geworden, warum Anja oder Markus ein eigenes Konto haben sollten? Eigenes Tun und Erleben, persönliche Betroffenheit und Verantwortung, das weckt Interesse und macht mit den Fragen der Kontoführung und dem neuen Umgang mit Finanzmitteln schnell vertraut.

Als handelnde Person haben Anja und Markus einen besseren Einstieg ins Thema als über jede theoretische Erläuterung. Außerdem stellt sich das tolle Gefühl ein, der Welt der Erwachsenen doch wieder ein wenig näher gekommen zu sein.

Nun sind gute Grundlagen geschaffen für weitere Überlegungen: Das Geld ist auf der Bank sicherer als im Sparschwein zu Hause. Eine Bank zahlt Zinsen, das Geld »arbeitet«. Kontoauszüge sind Dokumente, die zeigen, wie das Geld verwendet wird. Sie müssen zu Hause ordentlich aufbewahrt werden. Die persönliche Geheimzahl soll geheimgehalten, aber nicht vergessen werden. Wie viel Geld soll noch im Portemonnaie bleiben?

Überhaupt, wie soll das Geld in Geld für das Portemonnaie und Geld für das Konto eingeteilt werden? Anja hatte nämlich zur Kontoeröffnung alles vorhandene Geld in einer Plastiktüte mitgebracht und auf ihr neues Konto eingezahlt. Aber nun konnte sie sich nicht einmal mehr eine Kinderzeitung für 2 Euro kaufen, weil das gesamte Geld weg war. Die nächste Frage war deshalb: Kommt das Taschengeld jetzt wie immer bar oder auf das Konto? Also mussten neue Abläufe und Gewohnheiten entwickelt werden.

Um Missverständnissen vorzubeugen: Wenn Sie für Ihr Kind kein Konto bei der Sparkasse wollen, können Sie natürlich auch ein »Hauskonto« innerhalb der Familie einrichten. Sollte die nächste Bank mehrere Kilometer entfernt liegen, ist das möglicherweise für den Anfang sowieso besser. Ein »richtiges« Konto ist für ältere Kinder – spätestens ab 14 bis 15 Jahren – aber angemessen.

4 Finanzmanagement statt Taschengeld

FÜR Anja und Markus soll nun ein Plan erstellt werden, wie sie ihr Geld in Zukunft verwenden.

In einem ersten Schritt haben die Eltern einige »Hausaufgaben« erledigt. Zuerst hat Markus' Vater zusammen mit seiner Frau alle bisherigen und in Zukunft absehbaren Ausgaben für Markus einzeln aufgelistet. Zu klären waren folgende Fragen: Welche Kosten fallen regelmäßig an? Wie hoch sind diese? Welche Kosten kommen unregelmäßig?

Die Eltern wählten einen Zeitraum von 12 Monaten, für den die Ausgaben für Markus vollständig erfasst wurden. Da die Summe dieser Ausgaben in der Vergangenheit tatsächlich zur Verfügung stand und auch in Zukunft gebraucht wird, standen nun die »Einnahmen« fest. Es war das Geld, was die Eltern Markus bisher bereitgestellt haben und auch in Zukunft zur Verfügung stellen werden. In Zukunft gibt es aber kein Taschengeld, sondern Wirtschaftsgeld.

Gemeinsam wurde dann in monatlichen Besprechungen genau festgelegt, welche Ausgaben im Einzelnen davon zu bezahlen sind.

Anjas Eltern wollten nicht alles bis auf den letzten Cent auflisten. Sie haben einfach geschätzt, welchen Betrag sie für Kleidung, Schuhe, Schulbedarf, Taschengeld, Klassenfahrten, Musikschule, Sportverein und so weiter im Durchschnitt monatlich für Anja ausgegeben haben.

> WIRTSCHAFTSGELD FÜR IHR KIND IST NICHT
> NEU – SIE HABEN BISHER JA AUCH ALLES BEZAHLT.

Vielleicht haben Sie bisher nicht ganz so genau darüber nachgedacht, wie groß diese Summe ist. Das Geld reichte für alle so lange, bis wieder ein Gehalt auf dem Konto für »frisches Geld« sorgte.

Der Haushalts- oder auch Budgetplan zeigt nun, wie aus dem »großen Topf mit Einnahmen« (dem zur Verfügung stehenden Familieneinkommen) für einen festgelegten Zeitraum das Geld in verschiedene »kleine Töpfe« aufgeteilt wird. Diese »kleineren Töpfe« stehen für Ausgaben, die aus ihnen bezahlt werden: Wohnen, Lebenshaltung, Kleidung, Spenden, Sparen, Versicherungen, Auto und so weiter.

Falls Ihre Familie bis heute keinen Plan für die Verwendung Ihrer finanziellen Mittel hat, sollten Sie jetzt Ihren Budgetplan für die nächsten 12 Monate erstellen. Denn ohne dieses Budget ist private Finanzplanung nicht möglich.

> EIN BUDGET IST NICHTS WEITER ALS EINE SCHRIFTLICHE AUFSTELLUNG, EIN PLAN DER IM VORAUS FESTLEGT, WAS MIT DEM VERFÜGBAREN GELD GESCHEHEN SOLL.

Das »Einkommen für Markus« oder »Einkommen für Anja« – also das den Kindern zur Verfügung zu stellende Geld – ist damit nichts anderes, als ein fester Bestandteil Ihres Familien-Budgetplanes.

Neu ist möglicherweise, dass Ihnen bewusst wird, was ein Kind »wirklich« kostet, und dass Sie nun bei der Planung mit Ihren verfügbaren Mitteln sehr bewusst Schwerpunkte setzen sollten. Innerhalb der Familie wird mit dieser planvollen Aufteilung der Gesamtsumme deutlich, wo das Geld bleibt. Aber natürlich lichten sich auch »Grauzonen«.

Wer ist verantwortlich für den Umgang mit Geld? Im Augenblick sind Sie es noch, die Eltern oder Erzieher. Aber es gibt ein Ziel: In einigen Jahren werden Ihre Kinder zu 100 Prozent für ihren eigenen Umgang mit Geld und Vermögen verantwortlich sein.

FRAGEN:

Warum ist Wirtschaftsgeld für Ihr Kind im Prinzip nichts neues?
_____
_____

Was verstehen wir unter einem Budget?
_____
_____

5 Aus eigener Erfahrung lernen

IN vielen Familien fragen Kinder: »Ja, können wir uns das denn nicht leisten? Haben wir nicht genug Geld, um mir diesen Wunsch zu erfüllen?«
Nehmen Sie diese Frage doch zum Anlass für einen fruchtbaren Dialog. Themen wie: Wo kommt das Geld her? Ist es unbegrenzt verfügbar? Nach welchen Spielregeln überlegen und entscheiden wir über die Nutzung des Geldes? Welchen Wert hat Geld für uns (und die nachfolgende Generation)? können besprochen werden.
Oberflächliche Antworten in der Art wie: »Wir haben genug! Wir brauchen uns keine Sorgen zu machen!« oder auch: »Nun, es reicht bei uns eben nicht für ...« helfen Kindern kaum, ein eigenes angemessenes Verhältnis zur Planung von Einnahmen und Ausgaben zu entwickeln. Allgemeine Antworten sagen nichts über den Aufwand an Zeit und Mühe bis zum Erreichen eines bestimmten finanziellen Zieles aus.

Bis zum Alter von rund 16 Jahren soll der Wille und die Einsicht zum vernünftigen Handeln bei Jugendlichen entwickelt sein. Was heißt das? Nun, Sie könnten Ihren Nachwuchs beispielsweise ermahnen, das eigene Zimmer aufzuräumen. Sie könnten sogar Strafen androhen. Ihr Ziel heißt: »Mein Kind soll selbst für Ordnung sorgen, weil Ordnung ein nützlicher Wert ist und ich, wie die meisten Menschen, Ordnung schätze.« Das Ziel Ihres Sprösslings ist wahrscheinlich anders: »Möglichst wenig Aufwand – cool bleiben, ich kann mich auch ohne ständiges Aufräumen in meinem Zimmer orientieren!«

> AUCH DER UMGANG MIT FINANZEN WIRD ÜBER EINEN LÄNGEREN ZEITRAUM PRAKTISCH EINGEÜBT.

Wenn ein Jugendlicher sein Zimmer aus eigener Motivation aufräumt, weil er sich dann darin wohlfühlt, weil er dann selbst mit dem Ergebnis zufrieden ist, wurde ein vernünftiges Verhalten verinnerlicht. Dann passiert es, dass der Zimmerbewohner

aus eigenem Antrieb ohne Meckern oder weitere Aufforderung regelmäßig für Ordnung in seinem Zimmer sorgt. Das Ziel ist erreicht, wenn eine innere Überzeugung gewachsen ist, dass Ordnung für den, der sie hält, nützlich und sinnvoll ist. Wahrscheinlich wird ein aus Einsicht gewachsenes Verhalten nachhaltig beibehalten.
Genau so wird der Umgang mit Finanzen über einen längeren Zeitraum praktisch eingeübt. Ohne Anstrengung, Disziplin und auch ohne Rückschläge oder Misserfolge wird das Ziel kaum erreicht. So wie höchste sportliche Leistungen sich über die Begleitung und durch die Förderung guter Trainer entwickeln, so gehört für Kinder und Jugendliche Ermutigung und beratende Begleitung des praktischen Handelns zum erfolgreichen Umgang mit Geld. Diese Förderung lässt großzügig Fehler zu und wird manchmal auch Geld kosten. Vor allem aber: Sie belässt die Verantwortung für das Gelingen beim »Sportler«.

Anjas Vater fasst zusammen:

- Anja wird aus eigener Erfahrung lernen und bewertet Ihre Ergebnisse selbst.
- Sie darf Misserfolge erleben.
- Sie wird, wenn sie das will, beratend begleitet und mit konkreten Entscheidungshilfen unterstützt.
- Sie darf sich auf Belohnungen freuen, wenn etwas besonders gut gelungen ist.

Die Eltern von Markus sehen folgende Ziele:

- Markus soll selbst die Erfahrung machen, dass Sparen belohnt wird und er dadurch große Ziele erreichen kann.
- Er darf Fehler machen – es hat wenig Sinn, ihn vor negativen Erfahrungen »bewahren« zu wollen oder mit gutgemeintem Rat zu schlagen.
- Er soll erleben, dass durch kluges Wirtschaften sogar Freude am Umgang mit Geld, am Wirtschaften, entsteht.

- Er soll schon früh mit Einsatz von »eigenem Geld« erleben, dass es nicht unnütz ist, Menschen in Not zu helfen und Geld zu spenden.

Nicht der Misserfolg zählt, sondern wie wir damit umgehen.

Rückschläge sind ein normaler Teil unseres Lebens. Aber nicht der Misserfolg (zum Beispiel in Form »falscher« Geldausgaben) zählt, sondern wie wir damit umgehen. Deshalb brauchen Eltern Mut, gelegentlich mit offenen Augen zu sehen, wie Fehler gemacht werden. Moralisieren, Kritisieren und Bestrafen, Bevormunden – für wen ist das wirklich hilfreich?

Erst wenn klar ist, dass Eltern zwar wohlwollend begleiten, aber nicht überkritisch alle (vermeintlichen) Gefahren im Vorfeld abwenden wollen, entsteht Freiheit zum Experiment, zum selbst Ausprobieren und etwas auf eigene Faust riskieren können. Wer nichts falsch machen darf, verliert die Lust am selbsttätigen Lernen.

Lassen Sie Ihre Kinder ruhig eine Pleite erleben, solange es unschädlich ist. Vor dem 18. Lebensjahr kann nicht viel passieren. Geld lässt sich ersetzen. Wenn nun Ihre Kinder aus einer Pleite, einer vorübergehenden Zahlungsunfähigkeit, aus dem Scheitern etwas über die Bedingungen des Scheiterns gelernt haben, weil Sie das gemeinsam besprochen und »aufgearbeitet« haben, besteht berechtigte Hoffnung auf Einsicht und klügeres Vorgehen in der Zukunft.

Wie sprechen Sie über Misserfolge?

Kinder ab 11 Jahren und Jugendliche erleben regelmäßig eine Achterbahnfahrt der Gefühle und sind deshalb zeitweise sehr empfindsam. Beschreiben Sie gemeinsam ganz sachlich, was abgelaufen ist. Sprechen Sie ruhig, klar und deutlich. Behaupten Sie nichts, fragen Sie nur, ohne Bewertung, ohne Moralisieren und ganz nüchtern. Wenn das Gespräch locker und offen bleibt, wenn Sie zuhören und verstehen, gewinnen alle. Sie könnten von ähnlichen eigenen Schwierigkeiten berichten, Verständnis zeigen und dann vielleicht sogar wieder gemeinsam lachen.

Auf bedrängende »Warum-« und »Wie-Fragen« verzichten Sie am besten ganz. Verlieren werden Sie auch durch jede Form von Angriff nach einem »kritischen Ereignis«, damit provozieren Sie lediglich eine Verteidigungshaltung oder den Rückzug. Verzichten Sie auf Kritik oder Aussagen wie »... das war Quatsch«, »blöd«, »falsch« oder »dumm«. Klären Sie, welche Ursachen zum Problem geführt haben, wer die Verantwortung dafür hat und wie in Zukunft geschicktere Lösungen entwickelt werden können. Sie wollen doch nichts anderes als eine gute Zusammenarbeit und Partnerschaft. Jede auf längere Zeit ungelöste Konfliktsituation ist da nur ein Hemmnis.

Überlegen Sie gemeinsam: Welche anderen Möglichkeiten gab es? Welche anderen Wege lassen sich noch denken, wenn ...? Bieten Sie Alternativen an und vergleichen Sie mit der gescheiterten Möglichkeit. Geben Sie aber keine eigenen Antworten vor. Räumen Sie dem jungen Menschen die Chance ein, seinen eigenen Standpunkt festzulegen und seine Persönlichkeit zu entwickeln.

> ES MACHT WENIG SINN, DIE EIGENEN MASSSTÄBE DURCHZUSETZEN.

Eltern sehen ihre eigenen Werte und Maßstäbe gerne als für alle Menschen verbindlich an. Nicht nur bei wirklich wichtigen Fragen, sondern auch bei ziemlich belanglosen Angelegenheiten. Es macht aber wenig Sinn, über modische Geschmacksfragen zu streiten und die eigenen Maßstäbe durchzusetzen. Mode- und Musikfragen werden nun einmal sehr unterschiedlich beurteilt. Eigener Geschmack und Stil entwickeln sich über Versuch und Irrtum.
Anjas Eltern würden energisch eingreifen, wenn sie sich in ein »Piercing-Studio« begeben wollte, denn hier drohen ernste Gesundheitsschäden. Aber sie würden wohlwollend zusehen, wenn Anja vorhätte, sich die Haare schwarz färben zu lassen, auch ein-

mal sehr ausgefallene Klamotten auszuprobieren oder »überflüssige« und »unnütze« Sachen zu kaufen, die ihr (im Augenblick) sehr wichtig sind. Es ist Anjas Entscheidung, wann sie für was ihr Geld ausgibt.

Eltern, die selbst genau wissen, welche Wertmaßstäbe in der Familie verbindlich gültig sind, und das auch begründen können, sind klar im Vorteil. Sie reagieren bei einem bestimmten Anlass nicht aus einem vorübergehenden Gefühl und sie können Grenzen angemessen erweitern oder enger stecken, je nach Entwicklungsphase ihres Kindes.

> Das Kind soll selbst wählen, was es wann mit dem Geld macht.

Sobald Sie ihrem Kind eine feste Geldsumme anvertraut haben, muss es unabhängig darüber verfügen können. Es soll selbst wählen, was es wann mit dem Geld macht. Innerhalb gewisser Grenzen ist es völlig frei. Verzichten Sie darauf kundzutun, was in Ihren Augen absolut richtig oder absolut falsch ist. Verzichten Sie auf bewertende Äußerungen, vor allem zu der äußeren Erscheinung eines Heranwachsenden.

WAS MOTIVIERT UNS?

Belohnungen sind eine Form von Erfolgsmeldung, die uns anspornen, Leistungen zu bringen. Zu den ideellen Belohnungen zählen Aufmerksamkeit, gemeinsam einen schönen Ausflug unternehmen, echtes Interesse, Anteilnahme, Anerkennung für besondere Leistungen, aber auch Zeit oder Zuwendung, wenn ein Elternteil allein mit einem Kind etwas unternimmt. Aktivitäten wie Fahrradtouren, Wandern, Sport, Schwimmbad, Zoo, Museum, Kino, gemeinsam kochen, künstlerisches Gestalten, Musizieren, das alles können motivierende Belohnungen sein. Eine Belohnung hat immer einen persönlichen Wert.
Jeder Mensch, jeder Jugendliche, jedes Kind braucht täglich Liebe ohne Bedingungen oder Leistungserwartungen. Menschen streben nach Wert-

schätzung, weniger nach einem Ersatz in Form von materiellen Belohnungen und Geld.

BESTECHUNG ODER BELOHNUNG?

Auch Geld und Geschenke können als Belohnung eingesetzt werden: Aber Achtung: Wo beginnt Bestechung?
Geld wird eingesetzt, um etwas zu kaufen. Gefahr droht, wenn Eltern, falsch »einkaufen«: Ein liebes Kind, ein ordentliches Kind, ein Kind mit guten Schulnoten, ein pünktliches Kind, ein angepasstes Kind, ein ruhiges Kind. Ein bestimmtes erwünschtes Verhalten von Kindern lässt sich »kaufen«, der Anreiz muss nur hoch genug sein. Mit Geld kann man sich beliebt machen. Auch die Versuchung, sich selbst ein gutes Gewissen zu »kaufen«, ist vielen Eltern und Großeltern nicht weiter bewusst. So wird Geld statt Liebe geschenkt. Erwachsene sind bestechlich und können entscheiden, Kinder jedoch werden diese Mechanismen nur selten durch-

schauen. Ihnen fehlt Erfahrung und das »Werkzeug«. Sie lassen sich leichter manipulieren und werden schneller emotional abhängig, denn »Bestechungsgeld« will ein erwünschtes Verhalten erreichen. Irgendwann gibt es nur noch eine Frage: »Was bekomme ich dafür?«

Echte Belohnungen dagegen legen kein beabsichtigtes Verhalten fest. Jeder, der eine Belohnung erhofft, kann frei wählen, was er dafür einsetzen will. Auch ein Kind entscheidet dann selbst, ob und wie hart es an seinen Zielen arbeiten will, welche Selbstdisziplin den Einsatz lohnt. Und es bekommt immer das Signal: Wir lieben dich, weil du da bist, weil du um deiner selbst willen geliebt bist.

GRUNDSÄTZE, UNABHÄNGIG VON DER HÖHE DES EINKOMMENS

- Ausgaben können nie größer sein als Einnahmen.
- Ohne einen schriftlichen Plan zur Verwendung

des Geldes in einem bestimmten Zeitraum ist erfolgreiches Geldmanagement nicht möglich.
- Zwischen Anstrengung und Belohnung besteht immer ein direkter Zusammenhang.
- Ein Schlüssel zum Erfolg liegt im Verzicht auf schnelle Ergebnisse zugunsten langfristig noch besserer Ergebnisse.
- Jede Ausgaben-Entscheidung ist eine Festlegung. Andere Entscheidungen sind davon abhängig.
- Von der verfügbaren Menge des Geldes 10 Prozent spenden, mindestens 10 Prozent sparen und 80 Prozent gut einteilen. Diese Leitlinie hat sich bewährt.

DER HAUSHALTSPLAN FÜR KINDER

Das Lernprogramm ist ziemlich einfach: Stellen Sie Ihrem Kind eine feste Summe für alle Ausgaben, die im Laufe eines Jahres anfallen, zur Verfügung und übertragen Sie ihm die volle Verantwortung dafür.

Entwerfen Sie einen Haushaltsplan. Kredit oder Schulden sind nicht erlaubt. Wenn die festgelegte Summe ausgegeben ist, sind alle Ausgabemöglichkeiten zu Ende.

Jeder Haushaltsplan, ob geschäftlich oder privat, für die Familie oder die Regierung, fordert zwei Dinge:

- Einen Plan für die Ausgaben als Rahmen aller Entscheidungen.
- Ein System zur Kontrolle. Ausgaben dürfen insgesamt nicht größer sein, als der festgelegte Rahmen vorgibt.

FRAGE:

Warum gehören Ermutigung und beratende Begleitung zum erfolgreichen Umgang mit Geld?

6 Beratende Begleitung

JÜNGERE Kinder, unter 12 Jahre alt, werden kooperativ begleitet. Eltern und Kind handeln »gemeinsam«. So kann neben dem »Taschengeld« (zum freien Verbrauchen) ein Betrag für Schulbedarf, Kleidung und Schuhe, Sparen und Spenden vorgesehen werden. Obwohl eigentlich nur die Eltern handeln, wird das Kind aktiv erklärend einbezogen und weiß: Es geht um meine Sachen.

Eine genau festgelegte Geldsumme wird regelmäßig ausgezahlt, entweder wöchentlich oder monatlich im Voraus. Wie hoch die Summe für ein Kind ist, wurde zuvor in der Jahresplanung von den Eltern festgelegt. Sie wissen etwa, wie viel Geld jedes Jahr für jedes Kind zur Verfügung steht. Die Eltern überlegen zu Beginn zusammen mit dem Kind die Einteilung des Budgetplanes. Wenn es zum Beispiel fünf Abteilungen gibt (Spenden, Sparen, Ausgeben nach Lust und Laune, Kleidung, Geschenke), wird dafür eine Gesamtsumme für 12 Monate festgelegt und eine monatliche Auszahlung vereinbart. Das wirtschaftende Kind steht selbst vor der Aufgabe, möglichst lange und gut vorauszuplanen.

> KERNPUNKT DES LERNPROGRAMMS IST,
> WIE DIE KINDER MIT DEM GELD WIRTSCHAFTEN.

Vorher wird vereinbart, dass ein »Hinzuverdienst« durch Geschenke von Verwandten oder Geldverdienen mit Jobs als zusätzliche Einnahmen auf mindestens drei der fünf Abteilungen aufgeteilt wird. In der Einübungsphase, wenn Kinder das System erst übernehmen, werden sie aufgefordert, je 10 Prozent von dem zusätzlichen Geld in die Abteilung eins und zwei zu legen (Spenden und Sparen). Der Rest ist frei für Ausgaben, Geschenke und Kleidung. Nach einer Erprobungszeit von einigen Jahren, und wenn die Kinder älter sind und auch das Ziel vom Sparen verstehen, bekommen sie die Freiheit, nach eigenem Gutdünken selbständig das Geld aufzuteilen. Die eigene Entscheidung ist eine Herausforderung zur Selbständigkeit. Wer Verantwortung übertragen bekommt und ihr dann auch gerecht wird, entwickelt mit Sicherheit ein gutes Selbstbewusstsein. Jede Familie wird selbst festlegen, wofür ihre Kinder im Einzelnen verantwortlich sind. Kernpunkt des Lernprogramms ist, wie die Kinder mit dem Geld wirtschaften. Weniger wichtig ist, wofür die Kinder verantwortlich sind, wie umfangreich der Bereich ist, für den ein Kind finanziell selbst verantwortlich ist. Eltern können radikal »vollständig alle anfallenden Ausgaben« an ihr Kind übertragen oder entscheiden, nur einen Teil von allen Finanzvorgängen dem Kind zu übertragen.

Spielregeln für Eltern

Begleiten Sie Ihr Kind und beobachten Sie, wie es die gestellten Herausforderungen meistert. Fordern Sie, wo immer es angemessen ist, zu eigenem und selbständigem Entscheiden heraus, ohne zu überfordern.

- Ihr Kind muss genau wissen, für welche Anschaffungen und Kosten es verantwortlich ist. Sie haben das vor dem Start des Programms schriftlich, genau, umfassend und verständlich festzulegen, damit es in Zukunft keinen Streit über unklare Absprachen gibt.
- Ihr Kind muss ganz genau wissen: Wenn das Geld alle ist, ist keines mehr da. Dann ist Schluss. Die vorgegebene Summe muss reichen.
- Ihr Kind wird lernen, dass Ausgaben sehr unregelmäßig sein können. Manche Zahlbeträge sind einmal im Jahr fällig, andere monatlich. Wieder andere sind »unvorhersehbar«. Entwerfen Sie gemeinsam einen schriftlichen Plan.
- Planen Sie einen Notgroschen ein (Sparrücklage in Höhe von einem oder zwei monatlichen »Gehältern«).

Stellen wir uns vor, das Programm ist verabredet. Doch auf einmal reicht die Summe für die Kleidung nicht aus. Im Frühjahr und im Sommer ist alles ausgegeben worden, für Herbst und Winter kann kein neuer Wintermantel erworben werden. Was nun? Wie können die Eltern vorgehen?

- Sie können dem Kind die Verantwortung abnehmen und wieder selbst das Ruder in die Hand nehmen. Sie stellen zusätzlich Geld zur Verfügung. Streng genommen wird das Kind nun wieder bevormundet. Möglicherweise scheitert Ihr »Lernprogramm Zukunft« schon jetzt.
- Sie lassen Ihr Kind gewähren und tun nichts. Es muss selbst mit der Situation klarkommen. Zeigen Sie bitte trotzdem, dass Sie Ihr Kind von Herzen lieben, auch wenn das zur Verfügung gestellte Geld vorübergehend alle ist. Das Kind kann mit den Folgen trotzdem noch gut leben, weil die Sachen aus dem Vorjahr doch noch getragen werden können. Oder Sie finden gemeinsam noch andere kreative Lösungen, die ohne Geld umzusetzen sind.
- Sie können Jugendliche ermuntern, selbst Geld zu verdienen um die zusätzlichen Ausgaben vornehmen zu können.

> DAS KIND MUSS WISSEN:
> DIE VERANTWORTUNG FÜR DAS PERSÖNLICHE
> GELDMANAGEMENT LIEGT GANZ BEI MIR.

Der springende Punkt ist, dass Ihr Kind selbst verantwortlich für seine fünf Haushaltsposten ist und lernen muss, innerhalb jeder Abteilung mit dem Geld auszukommen. Für größere Vorhaben und spezielle Wünsche wird es mehrere Monate lang gezielt sparen müssen. Das ist mit diesem Programm ausdrücklich vorgesehen. Ist der Zielbetrag endlich angespart, geht das Kind ins Geschäft, bezahlt bar und nimmt die Sache mit. Schulden sind nicht erlaubt. Allerdings kann vorgesehen werden, dass aus einer Abteilung an die andere Geld geborgt wird. Aus den Abteilungen »Spenden« und »Sparen« ist jedoch das Borgen nicht erlaubt.

Jedes Kind, das diesen Weg geht, muss wissen: Die Verantwortung für das persönliche Geldmanagement liegt ganz bei mir. Sollte das einmal bei jüngeren Kindern Ängste auslösen, werden Eltern kooperativ unterstützen und die richtigen Entscheidungshilfen anbieten. Jeder Teilnehmer am Lernprogramm Finanzen braucht einen großen freien Raum, wie er sein Geld selbstständig ausgeben kann.

Die Summe aus der »Sparabteilung« wird mindestens einmal im Jahr ordentlich verzinst angelegt. Anjas Eltern haben beispielsweise einen monatlichen Sparbetrag auf einem Investmentkonto angelegt. Das Ergebnis der Geldanlage wird einmal im Jahr besprochen. »Schau, das hast du angelegt und das ist daraus geworden. Ohne dass du etwas dafür getan hast, ist dein Kapital gewachsen.« Da die Erträge von Jahr zu Jahr unterschiedlich sind, hat Anja inzwischen einiges über Wertpapiere und Geldanlage gelernt. Im Schnitt ist sie mit den durchschnittlich 8 Prozent Wertzuwachs in den vergangenen 5 Jahren sehr zufrieden.

Große Verantwortung – großer Lerneffekt

Die nachhaltigsten Erfahrungen entstehen jedoch bei den größeren, bedeutenden Anschaffungen wie

Kleidung, Fahrrad, Computer, Videokamera oder Führerschein.

Wenn das gelingen soll, ist ein großes Einfühlungsvermögen im Umgang mit Geld gefordert. Die Anforderungen für einen längeren Zeitraum zu planen, beispielsweise für mindestens ein Jahr, sind hoch. Gefordert sind Disziplin und Verzicht. Fertigkeiten und Fähigkeiten zum erfolgreichen Finanzmanagement entwickeln sich vom Schulalter bis zur Zeit, wenn die jungen Erwachsenen das Elternhaus verlassen.

Budgethöhe

Über die Höhe des Geldes, das einem Kind in einem bestimmten Alter in einer bestimmten Familie zur Verfügung gestellt werden könnte, kann es keine Empfehlung in Form einer Tabelle geben. Eine solche Tabelle wäre immer unzutreffend. Der Betrag ist von den persönlichen familiären Verhältnissen und von anderen sachlichen Erwägungen abhängig, vor allen Dingen aber davon, was alles vom Kind selbst verwaltet und was vielleicht doch noch von den Eltern bezahlt wird. Das haben Sie ja klar verabredet und schriftlich festgehalten.

Als Anhaltspunkt für Ihre Planungen könnten Sie einen Blick auf die sogenannte »Düsseldorfer Tabelle« werfen. Hier versucht der Gesetzgeber, konkret für Unterhaltszahlungen bei geschiedenen Ehen angemessene Geldzahlungen für Kinder, je nach Alter, festzulegen. Die Tabelle berücksichtigt Einkommensverhältnisse des Unterhaltspflichtigen und das Alter der Kinder.

Sie werden mit einer von Ihnen in Ihrer Familie begründeten und festgelegten Höhe des Kinderbudgets die »beste« Lösung finden. Es kann einige Jahre dauern, bis Sie sicher sind, welche Summen angesetzt werden sollen, damit sie zu Ihren Verhältnissen passen. Ihre Kinder sollen lernen, wie sie die Werkzeuge des Geldmanagements optimal nutzen können. Darum geht es.

Mit dem Teenageralter, also etwa ab 13-14 Jahren, lässt sich das Budget sinnvoll auf zusätzliche Abteilungen erweitern. Aus praktischen Gründen, damit die Übersicht nicht verloren geht, soll die Anzahl der Abteilungen auf etwa sieben begrenzt werden. Denn wenn das System nicht mehr einfach und überschaubar ist, kann es nicht länger den größtmöglichen Nutzen bieten.

> JEDER HAT ANDERE
> FINANZIELLE ERFORDERNISSE.

Je nach Alter, Interessen, Aktivitäten und Möglichkeiten sieht ein Budgetplan für jedes Kind in jeder Familie anders aus. Unabhängig vom Geschlecht, hat jeder andere finanzielle Erfordernisse. Manche brauchen mehr Geld für Sport- und Musikunterricht oder ein von den Eltern unterstütztes Hobby, andere haben eigene Einkünfte. Ferienjobs oder andere Einkünfte können möglicherweise einen Ausgleich für Mehrausgaben schaffen. Es gibt keine festen Gesetze, wie ein Familienbudget aufgeteilt werden soll. Es ist Ihre Sache, wie viel Wirtschaftsgeld Sie Ihrem Sohn oder Ihrer Tochter geben. Nehmen Sie sich einfach immer wieder Zeit und überdenken Sie, welche Summen zur Verfügung stehen und von wem wie viel benötigt wird. Und planen Sie gemeinsam.

Natürlich liegt in diesem Vorgehen anfangs ein Risiko. Aber genau so lernen Kinder den verantwortlichen Umgang mit Geld.

Eindeutige Spielregeln

Die von den Erziehungsberechtigten einmal fair ermittelte Summe für das Gesamtbudget sollte im Laufe eines Haushaltsjahres unverändert bleiben. Danach »verhandeln« Sie neu über Mittel und Möglichkeiten.

Bleiben Sie hart! Ihr Nachwuchs wäre wenig clever, wenn er nicht durch Nachverhandlungen versuchen würde, noch mehr herauszuholen. Wenn Sie je nach Stärke der Proteste und Wünsche die festgelegten Grenzen innerhalb eines Jahres aufheben, stellen Sie das gesamte Lernprogramm in Frage.

Sie erreichen dann das, was Sie nicht wollen, nämlich dass sich ein falscher Leitsatz durchsetzt: »Klar, mein liebes Kind, alles, was du haben willst, kannst du sofort bekommen – ganz egal, was es in der Zukunft kostet. Uns fällt schon irgendetwas ein.«

GEBEN SIE IHREN KINDERN EINE CHANCE, AUCH BEI MANGELZUSTAND VERANTWORTUNG ZU LERNEN.

Jeder sollte selbst entdecken, welcher Nutzen darin liegt, Wünsche aufschieben zu können, um einen noch größeren zukünftigen Nutzen zu erreichen. Einigen »kurzzeitigen Wünschen« ist in unserem Budgetplan ja bereits Spielraum eingeräumt (»Taschengeld«).

Verzicht auf Rechtfertigung

Mit der Übertragung finanzieller Verantwortung schaffen Sie einen Freiraum innerhalb fester und hilfreicher Grenzen, aber auf keinen Fall ein starres System. Verzichten Sie deshalb auf Rechenschaft für jeden ausgegebenen Pfennig. Kontrolle und Rechtfertigung engen ein und nehmen Ihrem Kind jegliche Motivation. Sie wollen doch keine »kleinen Buchhalter«, sondern selbstbewusste und eigenverantwortlich denkende Finanzmanager, die ein Programm für ihr Leben lernen. Zu Recht wird jedes Kind gegen die Starrheit eines stark kontrollierenden elterlichen Vorgehens rebellieren. Gewähren Sie tatsächlich alle Freiheit im Rahmen des aufgestellten Budgets. Ihr Kind wird lernen, seine eigenen Ziele, die Sie mit ihm im Jahresplan besprochen haben, selbst mit den zur Verfügung stehenden Mitteln zu erreichen.

Wo liegen Gefahren?

Welche groben Fehler im eigenen Verhalten können Ihnen unterlaufen und das Programm gefährden? Sie benutzen die zur Verfügung gestellte monatliche Summe für Straf-, Lob- und Disziplinarmaßnahmen. Das Geld, das als Teil des Familieneinkommens ihrem Kind zusteht, dient also dazu, Verhalten im Sinne von Belohnung oder Bestrafung zu beeinflussen.

Die Geldsumme wird aufgrund einer Leistung des Kindes festgelegt. Achtung, das Budget darf nichts mit Hausarbeit, unangenehmen Arbeiten im Garten oder anderswo und schon gar nichts mit den Schulnoten zu tun haben. Das Budget und die Bewertung dieser Arbeiten dürfen nicht gekoppelt werden. Jede Disziplinierung über den Geldbetrag führt weg vom Ziel!

Welche praktischen Hinweise sind auch noch zu beachten?

Zuerst einmal zählt die Einigkeit der Eheleute über das, was geschehen soll und wie. Stimmen Sie sich ab, treffen Sie klare Vereinbarungen untereinander, wie Sie vorgehen wollen. Es wird leichter, wenn Sie

Ihren Plan vorher schriftlich fixiert haben. Vielleicht nehmen Sie einen Geburtstag als Anlass für Ihr ausführliches Eltern-Kind-Jahres-Planungs-Gespräch, für einen feierlichen Einzeltermin. Geburtstage markieren einen 12-Monats-Zeitraum und werden normalerweise nicht vergessen. Tauschen Sie aus, welche Ziele sich Ihr Kind für das nächste Jahr gesetzt hat und nehmen Sie gemeinsam Rückblick auf die erreichten Ziele der vergangenen zwölf Monate. Dabei hilft Ihnen der von Ihnen aufgeschriebene Leitfaden. Die Ziele Ihres Kindes bestehen gewiss nicht nur aus finanziellen Zielen, sondern auch aus solchen wie: Neue Freunde gewinnen, bestimmte Schulabschlüsse erreichen, besondere sportliche oder musikalische Herausforderungen meistern oder eine große Reise unternehmen.

Im Rahmen dieser Jahresplanung besprechen Sie gemeinsam, wie hoch das Budget für die nächsten 12 Monate ist und welche Ausgaben davon bestritten werden sollen. Sie überlegen gemeinsam, falls das nicht schon in der Familienkonferenz geklärt wurde, welche Aufgaben Ihr Kind zu Hause wahrnimmt: Selbstverständliche Arbeiten und frei gewählte, bei denen Kinder zum Ausgleich etwas hinzuverdienen können.

Was lässt sich aus dem System lernen?

Natürlich ist es nur eine Möglichkeit von vielen, wie Sie Kinder zu verantwortlichem Umgang mit Geld anleiten. Fühlen Sie sich ganz frei, einen Ihren eigenen Bedürfnissen und Möglichkeiten angepassten Weg einzuschlagen, um den Umgang mit Geld für die Zukunft erfolgreich einzuüben.
Da lediglich begrenzte Mittel zur Verfügung stehen, bleibt Kindern manchmal nur der Weg über einen zusätzlichen Verdienst, um sich besondere Wünsche erfüllen zu können. Kinder lernen den Sinn und Zweck von Arbeit und Entlohnung auf dem Weg über ein begrenztes Budget kennen. In erster Linie wird mit dem vorhandenen Geld erfolgreich gewirtschaftet. Dabei kommt es darauf an, Fehler bei Planung und Ausführung zu minimieren und das zu

nutzen, was vorhanden ist. Eine darüber hinausgehende Vergütung ist leistungsabhängig.

Warum sparen?

Wenn Erwachsene generell einen bestimmten Fehler in ihrer privaten Finanzplanung machen, dann den: Das Verhältnis von Zeit und Geld wird nicht konsequent vom Berufsanfang an bis zum Ruhestand genutzt. Der Nutzen des Zinseszinseffektes bleibt verwehrt. Nur wer eine sehr lange Zeit dauerhaft und ohne Unterbrechung spart, kann mit kleinen Beträgen ein großes Vermögen aufbauen.

Kosten unseres Konsums

Jede Mark, jeder Euro, jeder Dollar, jeder Betrag, der heute weg ist, weil er ausgegeben wurde, wird in der Zukunft keinen Nutzen mehr bringen. Zinsen und Zinseszinsen werden nicht »geerntet«. Das sollte uns weder zum Geiz noch zum leichtfertigen Ausgeben verleiten.

OHNE SPAREN KEIN FINANZIELLER ERFOLG.

Sobald ein Kind Geld zur freien Verfügung hat, ist deshalb ein Teil davon zu sparen. Ohne Sparen kein finanzieller Erfolg. Sparen schafft Werte. Wenn wir heute auf etwas verzichten, entsteht für morgen ein noch größerer Nutzen.
Bei Kindern stehen kurz- und mittelfristige Sparziele im Vordergrund. Von Zeit zu Zeit steht aus dem Sparen Geld für ein wichtiges, selbst festgelegtes Ziel zur Verfügung. Jetzt ist es erlaubt, diesen Teil des Geldes für einen »großen Wunsch« auszugeben. So wird der Sinn aufgeschobener Belohnung eingeübt.
Sparen sollte regelmäßig innerhalb eines größeren Zeitrahmens in der persönlichen Finanzplanung eingeübt werden. Alles zu sparen wäre der pure Geiz. Aber ein fester Rahmen, zum Beispiel »ich spare regelmäßig und ohne Ausnahme 10 Prozent

von allen Einkünften«, ist sinnvoll. Manchmal ist für eine begrenzte Zeit und ein bestimmtes Ziel eine deutlich höhere Sparrate sinnvoll.

Ein eigener Plan für ihr Geld

Wenn Sie mit dem Wirtschaftsgeld beginnen, müssen Ihre Kinder noch keine klugen Einkäufer sein. Aber sie lernen schnell, dass sie durch überlegtes Kaufen, auf Qualität achten und Preisvergleiche mehr Geld für andere Zwecke zur Verfügung haben. Sie werden sich wundern, welche Kreativität durch Eigenverantwortung bei verschiedenen Kaufentscheidungen geweckt wird.

Kinder sind Eigentümer der Ziele und Kinder sind Entscheider

Durch das ganz praktische Handeln lernen Kinder, dass sie das nicht ausgegebene Geld, vielleicht auch die Summe aus dem Ferienjob, für größere Ziele einsetzen können. Das kann der Führerschein sein, ein längerer Auslandsaufenthalt oder, wenn es sein muss, später ein Auto. Unser Haushaltsplan für Kinder lehrt gleichzeitig den Nutzen von eigenen langfristigen wie auch von kurzfristigen Zielen. Das Wichtigste: Kinder sind sowohl Eigentümer der Ziele wie auch Entscheider. Ein Haushaltsplan muss der eigene Plan des Kindes sein und nicht einer der Eltern oder etwas, was einem Kind »übergestülpt« wird.

Sie als Eltern haben die Rolle, den Plan gemeinsam zu entwickeln und mit den Kindern zu besprechen, was sie daraus lernen *können*. Dann erlauben Sie Ihrem Kind die volle Kontrolle und die Freiheit innerhalb des festgelegten Rahmens völlig selbstständig mit dem Budget zu arbeiten.

Was können Sie mit Ihren Kindern tun?

- Bearbeiten Sie anfangs mit Ihren Kindern gemeinsam die Budgetpläne und Arbeitsblätter.

Legen Sie zusammen einen finanziellen Rahmen für jede Abteilung und jedes Kind fest.
- Zeigen Sie Ihren Kindern Vertrauen, indem Sie das Geld regelmäßig und im Voraus auszahlen.
- Diskutieren Sie regelmäßig mit Ihren Kindern und stellen Sie sicher, dass sie den Umfang ihrer Verantwortung beim Finanzmanagement erkennen.
- Achten Sie darauf, dass Ihre Kinder wirklich die volle Verantwortung für diese Lebensbereiche übernehmen.
- Bleiben Sie konsequent, wenn das Budget der Kinder nicht ausreicht, weil sie sich bei ihren ersten Versuchen als Finanzmanager verkalkuliert haben. Erhöhen Sie das Budget nur, wenn Sie selbst sich verrechnet haben. Ansonsten werden Sie ein guter Trainer und untersuchen Sie gemeinsam mit Ihren Kindern Fehler im Finanzmanagement.
- Nutzen Sie technische Hilfsmittel zur privaten Finanzplanung, zum Beispiel »online-banking« mit einem guten Computerprogramm.
- Bleiben Sie offen für Veränderungen.

7 Perspektiven: Was zählt morgen?

WAS machen Berufsanfänger mit ihrem ersten Gehalt? Zuerst wird vielleicht eine Wohnung neu eingerichtet oder ein flottes Auto gekauft. Ohne Frage wird Geld in Reisen investiert, Sportangebote genutzt und außerdem nicht wenig Geld in die Gesellschaft mit Freunden in guten Restaurants, Kinobesuche und ähnliches investiert. Wer alles will, und das sofort, wird einige Wünsche schon kurz nach seinem Berufsstart mit Krediten finanzieren. Geldgeber und Verkäufer unterstützen dieses Ausgabenverhalten gerne. Eine Kreditkarte scheint der Schlüssel für ein Leben zu sein, in dem nicht jeder Cent umgedreht werden muss.

Anja ist wie Markus Berufsanfängerin. Beide haben monatlich netto etwa 1200 Euro zur Verfügung und damit einige Möglichkeiten.

Anja erweist sich als Realistin und hat vor dem Geldausgeben einen Plan aufgestellt: Ihr monatliches Budget sieht unter anderem vor:

- Sparen: 120 Euro plus Vermögenswirksame Leistungen von ihrem Arbeitgeber.
- Regelmäßige Spenden: 100 Euro.
- Für Lebenshaltungskosten, Kleidung, Schuhe und Reisen: 500 Euro.
- Gesamtkosten für ihr Zimmer in einer Wohngemeinschaft mit zwei Studentinnen: 250 Euro.
- Versicherungen: 80 Euro.
- Freies Geld: 150 Euro.

Anja besitzt ein gutes Fahrrad und fährt gerne mit der Bahn.

Selbstverständlich hat Markus ebenfalls einen guten Plan. Aber bei seinem Freund Jürgen sieht das ganz anders aus. Jürgen hat, solange er Schüler war, Taschengeld bekommen und das regelmäßig verbraucht. Die Summe war zum Schluss etwa 75 Euro monatlich. Was er sonst noch brauchte, kam durch verschiedene »Jobs« dazu.

Seine Mittelverwendung ist etwa wie folgt:

- Das schicke Auto schlägt im Monat umgerechnet mit 500 Euro zu Buche, denn er hat eine Finanzierungsmöglichkeit über sein Autohaus (monatlich 220 Euro) gewählt. Jürgen war nach Aufstellung einer Gesamtrechnung über die tatsächlichen Fahrzeugkosten doch etwas erstaunt, hatte er sie doch niedriger eingeschätzt.

- Er wohnt bei seinen Eltern, die ihm dafür nichts berechnen und auch am Esstisch ist für ihn immer ein Platz frei, wenn er will.
- Sport ist für Jürgen sehr wichtig; am liebsten mit seinem »High-tech«-Mountainbike.
- Sparguthaben soll über einen Bausparvertrag entstehen, seine vermögenswirksamen Leistungen fließen dort ein, weil der Arbeitgeber die volle Rate übernommen hat. Er besitzt eine private Haftpflichtversicherung.

Wie wirken sich die unterschiedlichen Finanzplanungen von Anja und Jürgen langfristig aus?
Anja wird, wenn sie ihren monatlichen Sparplan mit nur 120 Euro weiterführt und jährlich 8 Prozent Wertsteigerung erzielt, in 47 Jahren, wenn sie 65 Jahre alt ist, ein Guthaben von rund 750.000 Euro

zur Verfügung haben. Daraus lässt sich auch nach Abzug von durchschnittlichen Inflationseinflüssen mehr als eine ordentliche Rente finanzieren. Mit steigendem Einkommen könnte sie den Sparanteil vom Einkommen noch erhöhen, um damit andere größere Ziele zu verwirklichen. Vielleicht wird sie einmal eine Wohnung kaufen.

Bereits mit 18 Jahren hat Anja für den Fall, dass ihre Arbeitskraft aus gesundheitlichen Gründen nicht mehr zur Verfügung steht (Erwerbsminderung) Vorsorge getroffen. Sie bekäme in diesem Fall eine monatliche Rente von 1000 Euro. Nicht sie selbst, sondern die Versicherung zahlt dann auch alle Beiträge weiter, so dass ihr im Alter von 65 Jahren ein Kapital von mehr als 200.000 Euro sicher ist (mit Inflationsausgleich).

Jürgen investiert in ein flottes Leben und macht sich über seine finanzielle Zukunft wenig Gedanken. Bausparguthaben und andere gelegentlich zurückgelegte Summen werden irgendwann in ein neues Auto, eine größere Wohnung und deren Einrichtung, Sport und Reisen investiert. Budgetplan und langfristiger Finanzplan fehlen schlicht und einfach.

Er hat gute Chancen, finanziell »immer am Limit« zu bleiben – selbst wenn er einmal ein höheres Einkommen als Markus oder Anja erzielen wird. Risikovorsorge für seine Arbeitskraft fand Jürgen bisher unnötig. Es darf also nichts schief gehen in den nächsten mehr als 40 Jahren. Wollte Jürgen mit 45 Jahren anfangen, eine Altersversorgung mit dem Ziel 750.000 Euro aufzubauen, so müsste er monatlich über 20 Jahre lang gut 1270 Euro aufwenden und jährlich 8 Prozent Wertzuwachs erzielen – mehr als 10-mal so viel wie Anja.

Sind das nur Zahlenspielereien? Vielleicht – aber möglicherweise zeigen sie den Nutzen des Zinseszinseffektes und konsequenten Sparens und generell von Finanzplanung.

- Wie planen Sie Ihre Finanzen?
- Wie bereiten Sie Ihre Kinder auf erfolgreiches Finanzmanagement vor?